BETH
MOORE

Orando. . . todos los días

Vol. 2

B&H
Español

Nashville, Tennessee

Orando... todos los días, vol. 2
© 2008 por Beth Moore
Todos los derechos reservados
Derechos internacionales registrados

Publicado por B&H Publishing Group
Nashville, Tennessee 37234

ISBN: 978-0-8054-4819-1

Clasificación Decimal Dewey: 248.3
Temas: Biblia-Uso devocional \ Oración \ Fortalezas \ Guerra espiritual

Publicado originalmente en inglés por B&H Publishing Group con el título *Praying God's Word, Day by Day: A Year of Devotional Prayer* Copyright © 2006 by Beth Moore

Equipo editorial: *Patricia Cabral, Cecilia Romanenghi de De Francesco, Adriana Powell, Omar Cabral.*

Tipografía: *Grupo Nivel Uno, Inc.*

Impreso en EE.UU.
1 2 3 4 5 * 10 09 08 07

A mi amada amiga

MARY ANN

No conozco a nadie que enaltezca el poder de orar
con las palabras de las Escrituras más que tú. No
tengo palabras para expresar cuánto te aprecio.

BETH

Pues aunque vivimos en el mundo, no libramos
batallas como lo hace el mundo. Las armas
con que luchamos no son del mundo, sino que
tienen el poder divino para derribar fortalezas.
Destruimos argumentos y toda altivez que
se levanta contra el conocimiento de Dios, y
llevamos cautivo todo pensamiento para que se
someta a Cristo.

2 Corintios 10:3-5

INTRODUCCIÓN

Este libro es la consecuencia de un profundo deseo que tengo. Se trata de contar uno de los enfoques más efectivos que Dios me ha enseñado para alcanzar la vida de liberación en Cristo: orar con las palabras de las Escrituras para derribar fortalezas.

En realidad, no descubrí lo vital que había sido este enfoque para mi liberación, hasta mucho después de haber comenzado a practicarlo. De repente, me di cuenta de que, por fin, había sido liberada de ciertas áreas de esclavitud que por largo tiempo, me habían impedido disfrutar de la vida abundante, efectiva y llena del Espíritu. No fue casualidad. Cuando todas mis fórmulas fracasaron, en mi desesperada búsqueda de libertad, me arrojé por completo a los brazos de Dios. Él me condujo, con fidelidad y de un modo sensacional, a varias prácticas que sabía que darían resultado.

¿No crees que muchos hemos gastado una cantidad extraordinaria de energía intentando con todas nuestras fuerzas derribar esas fortalezas, y sin embargo no se han caído? Sucede que se necesita demolerlas.

Dios nos ha dado dos cartuchos de dinamita para demoler nuestras fortalezas: su Palabra y la oración. Si tenemos dos cartuchos de dinamita atados juntos, serán más poderosos que dos cartuchos colocados en lugares separados.

De esto habla este libro: de tomar los cartuchos de dinamita que tenemos (la oración y la Palabra), de atarlos juntos y encenderlos con la fe en lo que Dios dice que puede hacer.

¿Qué hace que estos dos cartuchos de dinamita sean tan efectivamente poderosos cuando se los coloca juntos?

Examinemos primero el cartucho de la oración. La oración nos mantiene en constante comunión con Dios, el objetivo de toda nuestra vida como creyentes. En efecto, Dios quiere darnos sanidad, pero por sobre todas las cosas, desea que conozcamos al sanador. Su principal objetivo es mantenernos conectados a Él por completo.

Luego, ¿por qué la *Palabra* es un cartucho de dinamita tan poderoso para derribar fortalezas? Según 2 Corintios 10:3-5, nuestro objetivo es derribar todo aquello que se exalte en nuestros procesos mentales y llevar cautivo todo pensamiento a Cristo. Lo hacemos cada vez que decidimos pensar los pensamientos de Cristo en cuanto a cualquier situación o fortaleza, en lugar de utilizar los pensamientos de Satanás o los propios. ¿Cuáles son los pensamientos de Cristo? La Palabra de Dios que nos ha sido revelada.

Al orar según la Escritura, no solo me encuentro en íntima comunicación con Dios, sino que también mi mente se reprograma o se renueva (Rom. 12:2), para pensar *sus* pensamientos y no los míos con respecto a una situación. Cada vez que he aplicado este enfoque, ha dado resultados poderosos. Se requiere fe, diligencia y tiempo, pero los efectos son radicalmente liberadores y eternos.

Mi paso por aquí es transitorio como el tuyo. He cometido muchos errores y he aprendido muchas lecciones difíciles. Por favor, no malinterpretes mi intención y pienses que lo que sugiero aquí es mi propia fórmula. De todo corazón, creo que es una fórmula de Dios. Este libro habla de Él y de las armas divinas que nos ha dado para derribar fortalezas. Hay mucho más de su Palabra que de la mía, y esta nos da una garantía escrita. ¡Es hora de comenzar a encender algo de dinamita!

SI ESTAMOS DISPUESTOS A
ADMITIR NUESTRA FALTA DE
CONFIANZA EN CRISTO, ÉL
ESTÁ MÁS QUE DISPUESTO
A AYUDARNOS A VENCER LA
INCREDULIDAD.

Padre, gracias por decirme que nos amas porque hemos amado a Cristo y hemos creído que Él vino de parte de Dios (Juan 16:27).

Además, Señor Jesús, por más que me cueste comprenderlo, tu Palabra dice que de la misma manera que el Padre te ha amado, ¡así me amas tú!

Me amas tanto que quieres que permanezca en tu amor. Si obedezco tus mandamientos, permaneceré en tu amor, así como tú has obedecido los mandamientos de tu Padre y permaneces en su amor. Me has dicho esto para que tenga tu alegría y para que mi alegría sea completa (Juan 15:9-11).

**AUNQUE TROPIECE, PUEDO
TOMAR LA DECISIÓN DE SEGUIR
A CRISTO EL RESTO DEL CAMINO.
NUNCA ES DEMASIADO TARDE
PARA COMENZAR A SEGUIR SU
GUÍA EN MEDIO DE UNA CRISIS.**

Señor y Dios, deseo apropiarme de las palabras que Moisés le dijo a tu antiguo pueblo. Ayúdame a no tener miedo. Afiánzame para que yo pueda ser testigo de la salvación que tú, Señor, realizarás hoy a favor de mí.

Tú, Señor, presentarás batalla en mi lugar; solo ayúdame a quedarme quieto (Ex. 14:13-14).

Padre Dios, hazme fuerte y valiente. Ayúdame a no temer y no asustarme de nadie, porque tú vas conmigo, Señor Dios. Tú jamás me dejarás ni me abandonarás (Deut. 31:6).

¡Cuánto te agradezco por la seguridad de que no rechazarás a tu pueblo; no dejarás a tu herencia en el abandono! (Sal. 94:14).

**SÓLO VIVIREMOS EN LIBERTAD SI
LE RENDIMOS A DIOS TODA ÁREA
SECRETA DE PECADO QUE HAYA
EN NUESTRA VIDA.**

Señor y Dios, otros señores me han gobernado,
pero quiero dar honra solo a tu nombre (Isa. 26:13).
Por favor, ayúdame a entender que estos pecados y
adicciones han gobernado mi vida de manera terrible y
destructiva. Ayúdame a dejar de honrarlos.

Ayúdame a verlos como una cama demasiado corta
para estirarme en ella y una manta demasiado estrecha
para envolverme (Isa. 28:20). ¡Ayúdame a aceptar que
los objetos de mis deseos pecaminosos no me satisfacen!

Padre, tu Palabra me dice que todo el que confíe
en ti no será jamás defraudado (Rom. 10:11). ¡Cuánto
celebro que haya llegado el momento de dejar atrás toda
la vergüenza!

LA FE ES LA INVITACIÓN DE
DIOS PARA HACER POSIBLE LO
IMPOSIBLE. ÉL SE GLORIFICA
CUANDO RECIBIMOS PODER PARA
REALIZAR AQUELLO QUE NOS
RESULTA IMPOSIBLE.

Soy tu hijo querido, soy tuyo, Señor Dios, y he
vencido las influencias del reino del mal, porque el que
está en mí es más poderoso que el que está en el mundo
(1 Jn. 4:4).

Tú eres el Señor, Dios de toda la humanidad. ¡Nada
es imposible para ti! (Jer. 32:27).

A ti, que eres el que puede hacer muchísimo más
que todo lo que podamos imaginar o pedir, por el poder
que obra eficazmente en mí, ¡a ti sea la gloria en la iglesia
y en Cristo Jesús por todas las generaciones, por los
siglos de los siglos! Amén (Ef. 3:20-21).

SATISFACER LO MÁS ÍNTIMO DE NUESTRO SER CON JESÚS ES UN BENEFICIO DEL GLORIOSO PACTO QUE TENEMOS CON DIOS EN CRISTO.

Con lágrimas te he buscado, Señor y Dios. Deseo acercarme y aferrarme a ti en un pacto eterno que ya no olvidaré (Jer. 50:4-5).

Padre, dame un corazón que te conozca, porque tú eres el Señor. Soy tuyo y tú eres mi Dios, porque volví a ti con todo mi corazón (Jer. 24:7). Has dicho que si me vuelvo a ti, tú te volverás a mí, Señor Dios Todopoderoso (Mal. 3:7).

¡Gracias por concederme el arrepentimiento que me lleva a conocer la verdad! Gracias por hacerme entrar en razón y escapar de la trampa del diablo, que me había llevado cautivo, sumiso a su voluntad (2 Tim. 2:25-26).

SI NUNCA SUCEDIERA ALGO
ALARMANTE, ¿CÓMO PODRÍAMOS
RECONOCER QUE LO QUE
AQUIETA NUESTRO TEMOR ES LA
PRESENCIA CONSTANTE DE DIOS?

Bajo la inspiración del Espíritu Santo, el escritor del Salmo 119 dijo: «Me hizo bien haber sido afligido, porque así llegué a conocer tus decretos. Para mí es más valiosa tu enseñanza que millares de monedas de oro y plata. Con tus manos me creaste, me diste forma. Dame entendimiento para aprender tus mandamientos. Los que te honran se regocijan al verme, porque he puesto mi esperanza en tu palabra» (Sal. 119:71-74).

Recién comienzo a entender lo que quiso decir, Señor. No llegamos a comprender lo que significan tú y tu Palabra, hasta que estamos tan afligidos que no podemos vivir sin ti. Enséñame tu poderosa Palabra, para que la tragedia tenga algún sentido.

**UNA VIDA OBEDIENTE ES
RESULTADO DE DIARIA
OBEDIENCIA, Y UNA VIDA
VICTORIOSA ES RESULTADO DE
VICTORIA TRAS VICTORIA.**

Señor Jesús, cuando te llevaban para ser ejecutado, después de que te golpearon, te escupieron y se burlaron de ti, dijiste: «Padre [...] perdónalos, porque no saben lo que hacen» (Luc. 23:34).

Si tú, que eras completamente inocente, perdonaste tales ofensas mediante tu fuerza y poder, yo también puedo perdonar las cosas que otros me hicieron. También reconozco que las personas que me han herido a lo largo de la vida, no siempre sabían lo que estaban haciendo ni qué repercusiones tendrían sus acciones.

Tú, Señor, eres compasivo y perdonador, aun cuando me he rebelado contra ti (Dan. 9:9). Ayúdame a tener compasión de los demás y a perdonarlos.

CUALQUIERA HAYA SIDO
MI REACCIÓN CUANDO ME
TRAICIONARON O CUANDO SUFRÍ
ALGÚN OTRO DESENGAÑO, ME
ALEGRA SABER QUE EXISTE UNA
MANERA DE SALIR VICTORIOSO.

Padre, hasta el gran apóstol Pablo quería que no desconociéramos las aflicciones que sufrió mientras estuvo en la provincia de Asia. Él también estaba agobiado bajo gran presión, mucho más de lo que podía soportar, y hasta había perdido la esperanza de salir con vida (2 Cor. 1:8).

Aun muchos de tus siervos más poderosos perdieron las esperanzas de sobrevivir. Sin embargo, al igual que ellos, debo plantarme en tu fuerza y valor una vez más, y dejar que vuelvas a derramar tu vida dentro de mí.

Señor victorioso, te estoy sumamente agradecido, porque el opresor llegará a su fin y la destrucción se acabará. El agresor desaparecerá de la tierra (Isa. 16:4).

ES MÁS PROBABLE QUE ACTUEMOS
COMO EL VIEJO HOMBRE DE
PECADO CUANDO TODAVÍA NOS
SENTIMOS COMO TAL.

Señor, tu Palabra dice que si continúo en mi obstinación y sigo con un corazón empedernido sigo acumulando castigo contra mí mismo para el día de la ira, cuando revelarás tu juicio justo. Pues los que por egoísmo rechazan la verdad para aferrarse a la maldad, recibirán el gran castigo de Dios. Habrá sufrimiento y angustia para todos los que hacen el mal [...] pero gloria, honor y paz para todos los que hacen el bien (Rom. 2:5-10).

Ayúdame a entender que el «bien» que quieres que haga en respuesta a mi pecado, es arrepentirme, recibir tu ayuda, y entregarte mi vida por completo. No tengo que conformarme con una vida irremediablemente enredada en el pecado. Libérame, Señor.

**EL ENEMIGO CONOCE EL PODER
DE LA ORACIÓN YA QUE HA
ESTADO OBSERVÁNDOLO CON
FURIA DURANTE MILES DE AÑOS.**

¡El Señor vive! ¡Alabada sea mi roca! ¡Exaltado sea
Dios mi Salvador! Eres el Dios que me vindica, el que
pone los pueblos a mis pies. Tú me libras del furor de
mis enemigos. Por eso, Señor, te alabo entre las naciones
y canto salmos a tu nombre. Das grandes victorias, Señor
Dios. A tus ungidos les muestras por siempre tu gran
amor (Sal. 18:46-50).

En el día de la aflicción, mantenme a salvo en
tu morada; protégeme al amparo de tu tabernáculo y
ponme en lo alto sobre una roca. Hazme prevalecer
frente a los enemigos que me rodean. Entonces,
recuérdame que te ofrezca sacrificios de alabanza con
gritos de júbilo, y ayúdame a cantarte y a componer
música para ti (Sal. 27:5-6).

CRISTO NO NOS PIDE QUE
CONFIEMOS EN NUESTRA
CAPACIDAD PARA EJERCER UNA
FE A PRUEBA DE TODO, SINO QUE
CREAMOS QUE ÉL TIENE PODER

Padre mío, grandes son tus obras; los que en ellas se deleitan las estudian. Gloriosas y majestuosas son tus obras, oh Dios, y tu justicia permanece para siempre.

Has hecho memorables tus maravillas. ¡Eres clemente y compasivo! Las obras de tus manos son fieles y justas; todos tus preceptos son dignos de confianza. Son inmutables por los siglos de los siglos, establecidos con fidelidad y rectitud (Sal. 111:2-4,7-8).

Para mí no hay más que un solo Dios, el Padre, de quien todo procede y para el cual vivimos; y no hay más que un solo Señor, es decir, Jesucristo, por quien todo existe y por medio del cual vivimos (1 Cor. 8:6).

**SI TE ATREVES A CREER Y NO
RECIBES EL MILAGRO QUE
ESPERAS, ES QUE DIOS TIENE
PLANEADO ALGO MÁS GRANDE.
PERMANECE ATENTO.**

Jesús, tú les dijiste a tus discípulos, a quienes les
habías enseñado a buscar la voluntad del Padre, que
creyeran que ya habían recibido todo lo que estaban
pidiendo en oración, y lo obtendrían (Mar. 11:24). Oh
Padre, ayúdame a conocer íntimamente tu corazón,
para que yo sepa cómo orar, qué pedir y cómo creer por
adelantado que lo recibiré.

Por favor, ayúdame a no ser torpe y lerdo de
corazón (Luc. 11:24). Si me hablas de las cosas terrenales
y no te creo, ¿entonces cómo te creeré cuando me hables
de las celestiales? (Juan 3:12).

Ayúdame a creerte aquí y ahora, y no solo en lo
concerniente al cielo. ¡Tú eres el Dios del cielo y de la
tierra!

LA FIDELIDAD REQUIERE
ORDEN EN LA VIDA CRISTIANA,
PERO ESE ORDEN BRINDA UN
EXTRAORDINARIO ESPACIO PARA
EL COLORIDO Y LA CREATIVIDAD.

Padre mío, celebro que tú, Jehová Dios, te deleites
en tu pueblo; que a los humildes les concedas el honor
de la victoria (Sal. 149:4). Incluso a aquellos que han
sido abandonados y aborrecidos por el mundo, puedes
hacer de ellos el orgullo eterno y la alegría de todas las
generaciones (Isa. 60:15). Tu aprobación y tu opinión es
lo único que importa de verdad.

Tu Palabra enseña que tú humillas y pones a
prueba a tus hijos, para que al fin de cuentas nos vaya
bien (Deut. 8:16). No nos humillas ni nos pones a
prueba para derribarnos y hacernos fracasar, sino para
enseñarnos a tener éxito en ti. Cuánto te agradezco que
los pobres vuelvan a alegrarse en ti; los más necesitados
se regocijarán en el Santo de Israel (Isa. 29:19).

CUANDO RECURRIMOS A OTROS DIOSES, A MENUDO FORZAMOS A DIOS A QUE RETRASE SU BENDICIÓN Y DETENGA SU MANO GENEROSA.

Oh Señor, tu Palabra dice que tus ojos buscan constantemente la verdad. Cuando regañaste a los hijos de Israel, los azotaste y no les dolió; los consumiste, y no quisieron recibir corrección; endurecieron sus rostros más que la piedra, y no quisieron convertirse (Jer. 5:3, RVR60).

Señor y Dios, ten misericordia de mí. Ayúdame a no ser insensible a tu corrección. Tú solo reprendes en amor para volver a traerme a un lugar seguro... a ti, Señor Dios.

No permitas que me esconda detrás de las mentiras. Te pido que cuando busques la verdad, la encuentres en mí, pues tu Palabra inspirada declara que el conocimiento de tu verdad lleva a la verdadera religión (Tito 1:1).

AUN CUANDO LA VIDA NO
SEA PLACENTERA, PODEMOS
DISFRUTAR DE LA PRESENCIA
DE DIOS, PERO ANTES, DEBEMOS
ACEPTAR SU PRESENCIA COMO UN
HECHO ABSOLUTO.

Tú, Dios, que eres rico en misericordia, por el
gran amor que me tienes, me diste vida con Cristo, aun
cuando estaba muerto en pecados. ¡Por gracia he sido
salvo!

En unión con Cristo Jesús, me resucitaste y me
hiciste sentar con Él en las regiones celestiales, para
mostrar en los tiempos venideros la incomparable
riqueza de tu gracia, que por tu bondad derramaste sobre
mí en Cristo Jesús (Ef. 2:4-7).

Grande es tu amor por mí, oh Señor. Tu fidelidad
es eterna (Sal. 117:2). Cuando mi corazón quiera
condenarme, aquiétalo en tu presencia, ya que tú, Señor,
eres más grande que mi corazón y lo sabes todo
(1 Jn. 3:19-20).

**CUANTO MÁS CONOCEMOS A
DIOS, MÁS CONFIAMOS EN ÉL.
CUANTO MÁS CONFIAMOS EN ÉL,
MÁS SENTIMOS SU PAZ EN MEDIO
DEL VIENTO FRÍO.**

Señor y Dios, me deleito en tu promesa que marcharás al frente de mí y allanarás las montañas; harás pedazos las puertas de bronce y cortarás los cerrojos de hierro.

Además, me darás los tesoros de las tinieblas, y las riquezas guardadas en lugares secretos, para que sepa que tú, el Señor, el Dios de Israel, eres quien me llama por mi nombre (Isa. 45:2-3).

Mi Señor, tú eres refugio de los oprimidos; su baluarte en momentos de angustia. En ti confían los que conocen tu nombre, porque tú, Señor, jamás abandonas a los que te buscan (Sal. 9:9-10). Oh Señor, en verdad conozco tu nombre. Por favor, aumenta mi confianza en ti.

SIN EL ALFARERO, LA ARCILLA NO ES MÁS QUE TIERRA. CUANDO SOMOS DÓCILES, ÉL NOS MOLDEA Y ASÍ, LA VIDA COBRA FORMA.

Misericordioso Señor, he aprendido por las malas que nada bueno habita en mí, es decir, en mi naturaleza pecaminosa. Aunque deseo hacer lo bueno, no soy capaz de hacerlo (Rom. 7:18). ¡Pero en ti tengo todo el poder que necesito! Me has dado el tesoro del Espíritu Santo que vive en esta frágil vasija de barro para que se vea que tan sublime poder viene de Dios y no de mí. (2 Cor. 4:7).

Padre de toda misericordia, sin importar lo que hice ni por cuánto tiempo lo hice, no hay condenación para los que están unidos a Cristo Jesús, porque por medio de él la ley del Espíritu de vida me ha liberado de la ley del pecado y de la muerte (Rom. 8:1-2). ¡Aleluya! Ayúdame a aceptar plenamente esta verdad.

EL ESPÍRITU DE DIOS QUE SE LIBERA POR MEDIO DE NUESTRAS ORACIONES Y LAS DE OTROS, TRANSFORMA A LOS COBARDES EN CONQUISTADORES.

Señor, me alienta sobremanera saber que muchos creyentes, débiles en su propia naturaleza, hayan caminado de manera fiel y victoriosa contigo (Heb. 11).

Por tanto, dado que estoy rodeado de una multitud tan grande de testigos, ayúdame a despojarme del lastre que me estorba, y del pecado que tan fácilmente me enreda, y a correr con perseverancia la carrera que tengo por delante.

Ayúdame a fijar la mirada en Jesús, el autor y perfeccionador de mi fe, quien por el gozo que le esperaba, soportó la cruz, menospreciando la vergüenza que ella significaba, y ahora está sentado a la derecha de tu trono, oh Dios (Heb. 12:1-2).

NUESTRO MAYOR GOZO ES POR AQUELLO QUE, PRECISAMENTE, RECIBIMOS SIN MERECERLO Y DE PURA GRACIA.

Padre, cuánto te agradezco que tus siervos también fueran pecadores salvados por la gracia. El apóstol Pablo dijo: «Doy gracias al que me fortalece, Cristo Jesús nuestro Señor, pues me consideró digno de confianza al ponerme a su servicio». Aunque en otro tiempo había sido un blasfemo, un perseguidor y un violento, recibió misericordia.

Tal como él dice, Señor, tu gracia se derramó sobre mí con abundancia, junto con la fe y el amor que hay en Cristo Jesús (1 Tim. 1:12-14). No permitas jamás que muestre desprecio por las riquezas de tu bondad, tu tolerancia y tu paciencia, al no reconocer que tu bondad quiere llevarme al arrepentimiento (Rom. 2:4).

TODO LO QUE DEBEMOS ENFRENTAR A DIARIO NO ES POCA COSA, Y SÓLO A TRAVÉS DE LA ORACIÓN PODEMOS SENTIRNOS INUNDADOS DE PAZ.

Tú, Señor, eres bueno y perdonador; grande es tu amor por todos los que te invocan. Presta oído, Señor, a mi oración; atiende a la voz de mi clamor. En el día de mi angustia te invoco, porque tú me respondes (Sal. 86:5-7).

Tú siempre estás conmigo, pues tú me sostienes de la mano derecha. Me guías con tu consejo, y más tarde me acogerás en gloria. ¿A quién tengo en el cielo sino a ti? Si estoy contigo, ya nada quiero en la tierra. Podrán desfallecer mi cuerpo y mi espíritu, pero tú, Dios, fortaleces mi corazón; eres mi herencia eterna.

Para mí, el bien es estar cerca de ti. He hecho de ti, Señor Soberano, mi refugio para contar todas tus obras (Sal. 73:23-26,28).

CUANDO NUESTRO ESTILO DE VIDA ES LA FE EN DIOS, MÁS NOS ATREVEMOS A AMAR A LOS OTROS Y CREER EN LO QUE DIOS PUEDE HACER EN SUS VIDAS.

Tu Palabra me pregunta por qué juzgo o menosprecio a mi hermano. Hoy reconozco, Señor, que todos tendremos que comparecer ante tu tribunal.

Está escrito: «Tan cierto como que yo vivo —dice el Señor—, ante mí se doblará toda rodilla y toda lengua confesará a Dios». Así que cada uno de nosotros tendrá que dar cuenta de sí a Dios.

Por tanto, ayúdame a dejar de juzgar a los demás. Más bien, me decido a no poner tropiezos ni obstáculos en el camino de mi hermano (Rom. 14:10-13).

Señor, tú me has concedido tanta gracia, que perdonaste mis iniquidades, y nunca más te acordarás de mis pecados (Heb. 8:12). Ayúdame a otorgarles la misma gracia a los demás.

**LA PLENA GRATITUD POR SU
PRESENCIA SURGE DEL DIARIO
CAMINAR, Y TAL VEZ SE ORIGINE
MÁS EN LAS COSAS COTIDIANAS
QUE EN LAS MILAGROSAS.**

Señor, según tu Palabra, si mi visión está nublada, todo mi ser estará en oscuridad. Si la luz que hay en mí es oscuridad, ¡qué densa será esa oscuridad! (Mat. 6:23).

Señor, este versículo me dice que el centro de atención de mi mirada, el lugar donde se posan mis ojos, tiene un impacto enorme ya sea en la luz o en la oscuridad que prevalecerá en mi vida. Por favor, Señor, cura mis ojos, mi visión, para que pueda mirarte, esperanza mía y mi Redentor.

Señor, aunque pueda sentirme cubierto de oscuridad, ni las tinieblas serían oscuras para ti, y aun la noche sería clara como el día. ¡Lo mismo son para ti las tinieblas que la luz! (Sal. 139:12). Envuélveme en tu presencia, Dios, pues en ti no hay oscuridad.

**NUNCA PODREMOS ASUMIR
NUESTRA POSICIÓN DE "MÁS QUE
VENCEDORES", SI NO TENEMOS
NADA QUE VENCER**

Señor, al acercarme a ti arrepentido y con el deseo de vivir de una manera diferente, ¿quién me condena? Tú, Cristo Jesús, eres quien murió, e incluso resucitó, y estás a la derecha de Dios e intercedes por mí. Por tanto, en todas estas cosas seré más que vencedor por medio de ti, que me amas (Rom. 8:33-34,37).

Tu Palabra dice que he sido santificado mediante el sacrificio del cuerpo de Cristo. Eso quiere decir que he sido apartado para un uso sagrado, más que para un uso común y corriente. No cabe duda de que, algunas veces, me veré tentado a pensar como lo hacía cuando no tenía temor de Dios (Heb. 10:10), pero no permitas que me desvíe. Ayúdame a no llamar impuro a lo que tú has purificado (Hech. 10:15).

EL ENEMIGO TRATA DE CONVENCERNOS TODO EL TIEMPO DE QUE, EN EL MEJOR DE LOS CASOS, LA VIDA CRISTIANA ES SACRIFICADA Y, EN EL PEOR, ES ARTIFICIAL.

Tú, Señor, eres mi luz y mi salvación, ¿a quién temeré? Tú, Señor, eres el baluarte de mi vida; ¿quién podrá amedrentarme?

Cuando los malvados avancen contra mí para devorar mis carnes, cuando mis enemigos y adversarios me ataquen, haz que tropiecen y caigan. Aun cuando un ejército invisible me asedie, haz que mi corazón no tema; aun cuando estalle una guerra contra mí, yo mantendré la confianza.

Una sola cosa te pido, Señor, y es lo único que persigo: habitar en tu casa todos los días de mi vida, para contemplar tu hermosura y recrearme en tu templo (Sal. 27:1-4).

**RECORDAR LO QUE DIOS HA
HECHO EN EL PASADO, NOS
ANIMA A CREER QUE SEGUIRÁ
OBRANDO EN EL FUTURO.**

Mi Señor y mi Dios, eres tú quien midió las aguas con la palma de tu mano, y abarcaste entre tus dedos la extensión de los cielos (Isa. 40:12). Tú reinas sobre la bóveda de la tierra, cuyos habitantes son como langostas. Extiendes los cielos como un toldo, y los despliegas como carpa para ser habitada (Isa. 40:22).

Oh Señor, ayúdame a alzar mis ojos, a mirar los cielos y reconocer quién ha creado todo esto. Tú ordenas la multitud de estrellas una por una, y llamas a cada una por su nombre. ¡Es tan grande tu poder, y tan poderosa tu fuerza, que no falta ninguna de ellas! (Isa. 40:26).

Oh Padre, ¡cuánto agradezco que mi ayuda provenga de ti, creador del cielo y de la tierra! (Sal. 121:2).

**QUE TU AMOR POR OTROS
NO SEA UN INTENTO DE
TRANSFORMARTE EN SU DIOS,
SINO DE ESTIMULAR SU PROPIA FE
EN DIOS.**

Padre, según tu Palabra, los que escucharon el testimonio de la mujer en el pozo, dijeron: «Ya no creemos solo por lo que tú dijiste [...] ahora lo hemos oído nosotros mismos, y sabemos que verdaderamente éste es el Salvador del mundo» (Juan 4:42). Haz que mi vida cause un impacto en los demás de modo que deseen conocerte por sí mismos y crean.

Oh Señor, quiero que los demás puedan hablarte de mí con orgullo, con respecto a mi perseverancia y mi fe en cualquier tipo de persecución y prueba que soporte (2 Tes. 1:4). Ayúdame a recordar que los demás observan la forma en que le hago frente a las pruebas. Quiero dar testimonio de fidelidad, Señor. Como Loida, la abuela de Timoteo, y su madre Eunice, ayúdame a transmitir la herencia de la fe (2 Tim. 1:5).

**LA IGLESIA MISMA ES LA ÚNICA
ENEMIGA EN LA LUCHA POR UN
AVIVAMIENTO; ES SU ORGULLO
QUE SE LEVANTA CONTRA ELLA.**

Padre, tú prometiste que si tu pueblo, que lleva tu
nombre, se humilla y ora, te busca y abandona su mala
conducta, lo escucharás desde el cielo, perdonarás su
pecado y restaurarás su tierra (2 Crón. 7:14).

Ayúdame a comprender que el avivamiento
colectivo comienza por el avivamiento personal e
individual. Ayúdame a humillarme, orar y buscar tu
rostro; ayúdame a apartarme de mis caminos perversos
para darme cuenta cuando el orgullo de mi corazón me
engañe (Jer. 49:16).

Gracias, Señor, por escucharme desde el cielo y
perdonar mi pecado y comenzar a sanar mi corazón.

**EL ENEMIGO ESPERA QUE
PERMANEZCAMOS EN UNA
ACTITUD DE NEGACIÓN EN
LUGAR DE PERMITIR QUE LA
PALABRA DE DIOS INVADA
NUESTRA VIDA Y NOS LIBERE.**

Señor y Dios, no quiero que tengas que decir de mí:
«Este es el hijo que no ha obedecido la voz del Señor su
Dios, ni ha aceptado su corrección. La verdad ha muerto,
ha sido arrancada de su boca» (Jer. 7:28). Señor, si dejo
que la verdad muera en mi interior y que no regrese,
quedaré esclavizado por el resto de mis días.

Salvador y Señor, tú eres mi camino, eres mi verdad,
eres mi vida. Eres el único medio para que yo vaya al
Padre (Juan 14:6).

Gracias por el acceso que me proporcionaste
cuando entregaste tu vida en lugar de la mía. Ayúdame
a darte una gran alegría al practicar la verdad, según tu
mandamiento (2 Jn. 4).

**ALGUNAS VECES, DIOS NOS PIDE
QUE REPITAMOS UNA Y OTRA
VEZ LO MISMO DURANTE UN
LARGO TIEMPO, HASTA QUE ÉL
CONSIDERA QUE ESA ETAPA HA
SIDO SUPERADA.**

Señor, mi Dios, tú deseo es tener piedad de mí; te levantas para mostrarme compasión; pues tú, Señor, eres un Dios de justicia. ¡Dichosos todos los que esperan en ti!

Nosotros, el pueblo de Dios, un día dejaremos de llorar. ¡Te apiadarás de mí cuando clame pidiéndote ayuda! Tan pronto como me oigas, me responderás.

Aunque a veces tú, Señor, me has dado pan de adversidad y agua de aflicción, mi maestro no se esconderá más, con mis ojos lo veré. Ya sea que me desvíe a la derecha o a la izquierda, mis oídos percibirán a mis espaldas una voz que me dirá: «Este es el camino; síguelo» (Isa. 30:18-21).

CADA DÍA PUEDE PRESENTARNOS DIFICULTADES, PERO TENEMOS UN BENDITO MEDIADOR. NO DEBIERA PASAR UN DÍA SIN PONERNOS CARA A CARA FRENTE A CRISTO.

Oh Dios, tu sí que ves la opresión y la violencia; las tomas en cuenta y te harás cargo de ellas. Las víctimas confían en ti; tú eres la ayuda de los huérfanos (Sal. 10:14).

Oh Dios, ayúdame a entender que cuando me consagro a ti por completo, ya no soy una víctima de abuso ni del rechazo de nadie. ¡Hazme un vencedor, Señor Jesús!

Los malvados acechan a los justos con la intención de matarlos, pero tú, Señor, no los dejarás caer en sus manos ni permitirás que los condenen en el juicio.

La instrucción que me has dado es que espere en ti y viva según tu voluntad. Me exaltarás para que herede la tierra. Cuando los malvados sean destruidos, lo veré con mis propios ojos (Sal. 37:32-34).

CRISTO NOS LIBERA MEDIANTE EL PODER DE SU ESPÍRITU Y NOS MANTIENE LIBRES EN LA MEDIDA EN QUE DÍA A DÍA APRENDEMOS A VIVIR EN SU PODER

Dios, reclamo lo que dice tu Palabra, que no he recibido un espíritu que otra vez me esclavice al miedo, sino el Espíritu que me adopta como hijo y me permite clamar: «¡Abba! ¡Padre!» (Rom. 8:15). Padre mío, ayúdame a clamar a ti sin sentir vergüenza, cuando el miedo se apodere de mí. ¡Este tipo de temores no proviene de ti! (2 Tim. 1:7).

Victorioso Dios, te agradezco porque las armas con las que lucho no son del mundo, sino que tienen el poder divino para derribar fortalezas. ¡Destruyo argumentos y toda altivez que se levanta contra el conocimiento de Dios, y me decido a llevar cautivo todo pensamiento para que se someta a Cristo! (2 Cor. 10:4-5).

¿CUÁNDO FUE LA ÚLTIMA VEZ QUE SENTISTE QUE EN TU VIDA TODO SE TAMBALEABA, A NO SER POR TU ESTABILIDAD EN CRISTO?

Por la fe Abraham, cuando fue llamado para ir a un lugar que más tarde recibiría como herencia, obedeció y salió sin saber a dónde iba (Heb. 11:8).

Señor, ayúdame a estar dispuesto a seguirte en obediencia, aun cuando no sepa con certeza hacia donde voy. Tu divino poder, al darme el conocimiento de aquel que nos llamó por su propia gloria y potencia, nos ha concedido todas las cosas que necesitamos para vivir como Dios manda (2 Ped. 1:3).

Tú, Señor, me guiarás siempre; me saciarás en tierras resecas, y fortalecerás mis huesos. Seré como un jardín bien regado, como manantial cuyas aguas no se agotan (Isa. 58:11).

**DIOS MIRA NUESTRO CORAZÓN
Y SABE SI TENEMOS UN DESEO
AUTÉNTICO DE SER DIFERENTES
O SI SOMOS PURA CHÁCHARA.**

Padre, cuánto te alabo porque por tu poder, exaltaste a Cristo como Príncipe y Salvador para que diera a su pueblo arrepentimiento y perdón de pecados (Hech. 5:31). Tu Palabra dice que si los que formamos parte de tu pueblo abandonamos nuestros malos caminos y nuestras malas acciones, podremos habitar en la tierra que nos has dado (Jer. 25:5).

Señor, me he hecho un examen de conciencia y he vuelto a ti de todo corazón (Lam. 3:40). Examíname, oh Dios, y sondea mi corazón; ponme a prueba y sondea mis pensamientos. Fíjate si voy por mal camino, y guíame por el camino eterno (Sal. 139:23-24). Además, si al examinarme a mí mismo, he pasado por alto el pecado, ¡por favor, muéstramelo y guíame al arrepentimiento y a la restauración total!

SON POCOS LOS QUE TIENEN UN
CORAZÓN TAN AGRADECIDO
COMO EL DEL CAUTIVO QUE HA
RECIBIDO LIBERTAD Y EL DEL
ABATIDO QUE HA RECIBIDO
SANIDAD.

Te amo, Señor, porque escuchas mi voz suplicante.
Por cuanto inclinas tu oído a mí, te invocaré toda mi
vida.

Los lazos de la muerte me enredaron; me
sorprendió la angustia del sepulcro, y caí en la ansiedad y
la aflicción. Entonces clamé al Señor: «¡Te ruego, Señor,
que me salves la vida!»

Tú, Señor, eres compasivo y justo; mi Dios es todo
ternura. Tú proteges a la gente sencilla; estaba yo muy
débil, y me salvaste.

¡Ya puedes, alma mía, estar tranquila, que el Señor
ha sido bueno contigo! (Sal. 116:1-7). Te encomiendo
mis afanes, Señor; y tú me sostendrás (Sal. 55:22).

EL AMOR NO ES UN DON ESPIRITUAL. SI ASÍ FUERA, TODOS TENDRÍAMOS LA EXCUSA DE NO POSEERLO. EN CAMBIO, ES UN LLAMADO PRIORITARIO.

Señor, he oído que se dijo: «Ama a tu prójimo y odia a tu enemigo»; pero tú me dices que ame a mis enemigos y ore por quienes me persiguen, para ser un hijo de mi Padre que está en el cielo (Mat. 5:43-45).

Padre Dios, si amo solamente a quienes me aman, ¿qué recompensa recibiré? ¿Acaso no hacen eso hasta los ateos? Y si saludo a mis hermanos solamente, ¿qué hago de más? ¿Acaso no hacen eso hasta los paganos? (Mat. 5:46-47).

¡Señor, tú me has llamado a ser diferente! Me has llamado a superar los actos del más noble de los paganos. Ayúdame a no ser vencido por el mal; al contrario, a vencer el mal con el bien (Rom. 12:21).

LA LUZ DE DIOS SIEMPRE NOS
GUIARÁ DE REGRESO AL CAMINO
CORRECTO. POR MÁS LARGO
QUE HAYA SIDO EL DESVÍO,
RETORNAREMOS POR UN
SENDERO MÁS CORTO.

Señor, cuando los israelitas oyeron tu voz que salía de la oscuridad, mientras la montaña ardía en llamas, todos los jefes de sus tribus y sus ancianos se acercaron (Deut. 5:23). Por favor, ayúdame a oír tu voz más allá de mi oscuridad y a venir a ti, Señor.

Oh Dios, tu siervo Job sentía que estaba en el país de la noche más profunda, el país de las sombras y del caos, donde aun la luz se asemejaba a las tinieblas (Job 10:22). Restauraste a alguien que conocía una oscuridad mucho más sombría que la mía. A mí también me restaurarás, si te lo permito.

Tú, Señor, eres mi lámpara; tú, Señor, iluminas mis tinieblas (2 Sam. 22:29). Tú, oh Señor, mantienes mi lámpara encendida; tú, Dios mío, iluminas mis tinieblas (Sal. 18:28).

EL ENEMIGO NOS PONE DE SU
LADO CUANDO LOGRA QUE
DEJEMOS DE ORAR Y ASÍ, OBTIENE
UNA VICTORIA. PREFIERE QUE
HAGAMOS CUALQUIER COSA
MENOS ORAR.

Mi Dios misericordioso, ya que he resucitado con Cristo, orienta mi corazón para que busque las cosas de arriba, donde está Cristo sentado a la derecha de Dios. Ayúdame a orientar mi mente para que busque las cosas de arriba, no las de la tierra (Col. 3:1).

Señor, toma mis pasiones y dirígelas hacia ti en primer lugar y por sobre todas las cosas. Sé el centro principal de todas mis pasiones y crea un corazón nuevo dentro de mí con emociones sanas.

Padre Dios, ayúdame a no evadir la oración. Tu Palabra me dice que ore a ti en toda ocasión (Fil. 4:6). Ayúdame a confiar siempre en ti y abrirte mi corazón porque tú eres mi refugio (Sal. 62:8). No me avergonzarás ni me darás la espalda. Tú quieres ayudarme a superar toda fortaleza.

**EL ENEMIGO SABE QUE NO
PODREMOS VIVIR EN CONSTANTE
VICTORIA HASTA QUE ESTEMOS
CONVENCIDOS DE QUE SOMOS LO
QUE DIOS DICE QUE SOMOS.**

Bendito seas, Señor, mi Roca, que adiestras mis manos para la guerra, mis dedos para la batalla. Tú eres mi Dios amoroso, mi amparo, mi más alto escondite, mi libertador, mi escudo, en quien me refugio.

Abre tus cielos, Señor, y desciende; toca los montes y haz que echen humo. Lanza relámpagos y dispersa al enemigo; dispara tus flechas y ponlo en retirada. Extiende tu mano desde las alturas; ¡líbrame y rescátame! (Sal. 144:1-2,5-7).

Padre Dios, te suplico que no permitas que ningún arma que se forje contra mí prevalezca. Permíteme refutar la lengua de mi acusador. Gracias por dar esta herencia a tus siervos, oh Señor (Isa. 54:17).

EL LEÓN DE JUDÁ ES INDOMABLE. EN DIOS HAY UN MISTERIO, UNA CUALIDAD MARAVILLOSA Y HASTA SALVAJE QUE NO LE PODEMOS QUITAR

Oh Padre, confieso que no puedo adentrarme en tus misterios, ni puedo alcanzar la perfección del Todopoderoso. Son más altos que los cielos. Son más profundos que el sepulcro. Son más extensos que toda la tierra; ¡son más anchos que todo el mar! (Job 11:7-9).

A los ojos de los israelitas, Señor, tu gloria en la cumbre del monte parecía un fuego consumidor (Ex. 24:17). Ayúdame a ser agradecido y adorarte como a ti te agrada, con temor reverente, porque tú, mi Dios, eres fuego consumidor (Heb. 12:28-29).

Verdaderamente, eres Dios tanto cerca como lejos. Nadie puede esconderse en lugares secretos donde tú no puedas encontrarlo. ¡Tú llenas los cielos y la tierra! (Jer. 23:23-24).

**SI LE PIDES A DIOS QUE MUEVA
UNA MONTAÑA Y NO LO HACE, ES
PROBABLE QUE CRISTO QUIERA
QUE LA ESCALES Y LO VEAS
TRANSFIGURADO.**

Dios, ayúdame a no ser de esas personas a las que
puedes decirles: «Nunca van a creer si no ven señales
y prodigios» (Juan 4:48). Ayúdame a responderle a tu
Hijo según tu Palabra: «Hemos creído, y sabemos que tú
eres el Santo de Dios» (Juan 6:69).

Cristo Jesús, tú le dijiste a Tomás: «Pon tu dedo
aquí y mira mis manos. Acerca tu mano y métela en mi
costado. Y no seas incrédulo, sino hombre de fe»
(Juan 20:27). Señor, no puedo ver tus manos visibles,
pero si de verdad me dispongo a mirar, puedo ver las
evidencias visibles de tus manos invisibles. Ayúdame
a dejar de negarme obstinadamente a creer, porque al
hacerlo, difamo el Camino (Hech. 19:9).

¿ESTÁS DISPUESTO A ADMITIR QUE ALGUNOS DE TUS INTENTOS DE HUMILDAD HAN SIDO IMPULSADOS POR EL ORGULLO?

Dios, no permitas que me deleite en la falsa humildad cuando procuro librarme del orgullo. Ayúdame a no ser como esas personas que hacen alarde de lo que no han visto y quedan saturados de conceptos vagos en su razonamiento humano (Col. 2:18). Tu Palabra enseña que la falsa humildad y un severo trato del cuerpo de nada sirven frente a los apetitos de la naturaleza pecaminosa (Col. 2:23).

En lugar de eso, Dios, como uno de tus escogidos, santo y muy amado, ayúdame a revestirme de afecto entrañable, de bondad, de humildad, de amabilidad y de paciencia (Col. 3:12). Ayúdame a no hablar mal de nadie, sino a buscar la paz y ser respetuoso, demostrando plena humildad en mi trato con todo el mundo (Tito 3:2).

SÓLO CRISTO PUEDE HACERNOS
LIBRES, LOS DEMÁS DIOSES O
ÍDOLOS (CUALQUIER COSA QUE
USEMOS EN REEMPLAZO DE DIOS)
NOS ESCLAVIZAN.

Dios misericordioso, según tu Palabra, todo el que
hace lo malo aborrece la luz, y no se acerca a ella por
temor a que sus obras queden al descubierto. En cambio,
el que practica la verdad se acerca a la luz, para que se vea
claramente que ha hecho sus obras en obediencia a Dios
(Juan 3:20-21).

Oh Dios, ayúdame a no tener miedo de permitir
que tu luz resplandezca en mi oscuridad. Por favor,
haz que tu luz penetre, que ponga al descubierto toda
oscuridad o engaño en mí y los quite para que pueda
vivir libremente en tu luz.

Ayúdame a no cambiar nunca la verdad de Dios por
la mentira (Rom. 1:25). Si en mi vida queda alguna área
donde haya hecho ese intercambio fatal, sácala a la luz y
libérame.

**EL INAGOTABLE AMOR DE DIOS
SE EXTIENDE A LOS CAUTIVOS
MÁS REBELDES Y A LOS MÁS
MISERABLES, A AQUELLOS QUE
HAN CLAMADO A ÉL EN SUS
PROBLEMAS.**

Mi Salvador, Jesucristo, tu Palabra dice que nadie tiene amor más grande que el que da la vida por sus amigos (Juan 15:13). Me has demostrado el mayor acto de amistad que jamás pueda existir.

Te alabo y te agradezco, Señor, por no tratarme conforme a mis pecados ni pagarme según mis maldades. Tan grande es tu amor por los que te temen como alto es el cielo sobre la tierra. Tan lejos de mí echaste mis transgresiones como lejos del oriente está el occidente (Sal. 103:10-12).

Señor, eres bueno y tu gran amor es eterno; tu fidelidad permanece para siempre (Sal. 100:5).

**PERMANECER EN CRISTO ES LA
CLAVE PARA ESTAR CONECTADOS
CON JESUCRISTO, NUESTRA
FUENTE MÁS ELEVADA.**

Padre, antes de que a tu Hijo lo llevaran para su juicio y crucifixión, expresó el deseo de su corazón para con nosotros al pronunciar una profunda plegaria de intercesión. Quiere que los que le has dado estén con él donde él está y que vean su gloria, la gloria que le has dado porque lo amaste desde antes de la creación del mundo.

Señor Dios, tu Hijo vino para que yo te conozca, y seguirá dándote a conocer para que el amor con que lo has amado esté en nosotros y él mismo pueda habitar en nosotros (Juan 17:24-26). Por más que me encuentre con el rechazo en el mundo que me rodea, soy bien recibido si quiero permanecer junto al Creador del cielo y de la tierra y junto al perfecto Hijo del Dios Altísimo.

NUESTRA TIERRA PROMETIDA SE CARACTERIZA POR LA PRESENCIA DE VICTORIA, NO POR LA AUSENCIA DE OPOSICIÓN.

Padre, tu Palabra promete que podemos estar seguros de que dispones todas las cosas para el bien de quienes te aman, los que han sido llamados de acuerdo con tu propósito (Rom. 8:28).

Mis problemas y situaciones, no son la excepción a esta regla. Por más que me cueste comprenderlo, puedes y quieres usar estos desafíos para bien si coopero contigo y me veo a mí mismo como una persona llamada de acuerdo con tu propósito.

¡Gracias sean dadas a ti, Dios mío, que en Cristo siempre me llevas triunfante, con el deseo de esparcir por todas partes la fragancia de tu conocimiento (2 Cor. 2:14). Solo tú, Cristo Jesús, me llevas a la victoria. Si continúo siguiéndote, llegaré a la meta.

**CADA UNO DEBE DECIDIR HACIA
DÓNDE DIRIGIRÁ SU ENERGÍA
CUANDO ARRECIE LA BATALLA.**

En una carrera, todos los corredores compiten, pero solo uno obtiene el premio. Señor, ayúdame a correr de manera tal que lo gane (1 Cor. 9:24).

No considero que lo haya logrado ya. Más bien, una cosa hago: olvidando lo que queda atrás y esforzándome por alcanzar lo que está delante, sigo avanzando hacia la meta para ganar el premio que me ofreces mediante tu llamamiento celestial en Cristo Jesús (Fil. 3:13-14). Ayúdame a olvidar todos los fracasos pasados (y también los logros), y a concentrarme en avanzar contigo en el presente.

Dios de la esperanza, te ruego que me llenes de toda alegría y paz conforme creo en ti, para que pueda rebosar de esperanza por el poder del Espíritu Santo (Rom. 15:13).

**DIOS ENVÍA SU PALABRA Y NUNCA
VUELVE VACÍA. DESATA LAS
CADENAS DEL ALMA DE TODA
PERSONA QUE TENGA EL VALOR
DE CREER EN ELLA.**

Señor, repito las palabras del apóstol Pablo cuando dijo: «Este mensaje es digno de crédito y merece ser aceptado por todos: que Cristo Jesús vino al mundo a salvar a los pecadores, de los cuales yo soy el primero. Pero precisamente por eso Dios fue misericordioso conmigo, a fin de que en mí, el peor de los pecadores, pudiera Cristo Jesús mostrar su infinita bondad. Así vengo a ser ejemplo para los que, creyendo en él, recibirán la vida eterna. Por tanto, al Rey eterno, inmortal, invisible, al único Dios, sea honor y gloria por los siglos de los siglos. Amén» (1 Tim. 1:15-17).

Señor, aunque fuera el peor pecador (y a veces siento que lo soy), así y todo, me perdonas y estás dispuesto a usar a aquellos que ponen su confianza en ti. ¡Gracias, Dios!

**SI LO QUE NECESITAS CON
URGENCIA O LO QUE DESEAS
PROFUNDAMENTE TIENE SU
FUNDAMENTO EN LA PALABRA DE
DIOS, NO PERMITAS QUE NADIE
TE DIGA QUE DIOS NO PUEDE
HACERLO.**

Que sea tu gran amor mi consuelo, conforme a la promesa que hiciste a tu siervo. Que venga tu compasión a darme vida, porque en tu ley me regocijo. Esperando tu salvación se me va la vida. En tu Palabra he puesto mi esperanza (Sal. 119:76-77,81).

Mi Dios está en los cielos y puede hacer lo que le parezca (Sal. 115:3). Señor, a veces mi única respuesta será que tú eres soberano. Tu Palabra dice que la muerte de tus fieles es valiosa para ti (Sal. 116:15).

Algún día tendré todas las respuestas; pero hasta entonces, debo confiar en que tú tienes el poder y el dominio sobre todas las cosas y que sabes qué es lo mejor. Ayúdame a creerlo aun cuando no lo sienta.

**LOS CAUTIVOS QUE HAN
RECIBIDO VERDADERA
LIBERTAD SON LAS PERSONAS
MÁS COMPASIVAS DEL MUNDO.
NO VEN A LOS DEMÁS COMO
INFERIORES A SÍ MISMOS.**

Si tú, oh Señor, llevaras un registro del pecado, ¿quién se mantendría en pie? Pero en ti hay perdón, y por eso eres temido (Sal. 130:4). Señor, después de todo lo que has hecho por mí y después de todo el pecado que me has perdonado, ayúdame a tenerte tal temor y reverencia que no les retenga el perdón a los demás.

Señor, no le diré a la persona que me haya herido: «¡Me vengaré de ese daño!» Confiaré en ti, Señor, y tú actuarás por mí (Prov. 20:22). No diré de alguien que me haya ofendido: «Le haré lo mismo que me hizo; le pagaré con la misma moneda» (Prov. 24:29). Señor, dame más gracia (Sant. 4:6) para poder extendérsela a los otros, cada vez más.

NUESTROS QUEBRANTOS NO
SON RESPONSABILIDAD DE
NINGUNA OTRA PERSONA. CRISTO
ES QUIEN SE HACE CARGO DE
ELLOS. RECUERDA QUE ÉL VINO A
VENDAR A LOS QUEBRANTADOS
DE CORAZÓN.

Padre, estoy luchando. Siento que me has quitado a mis compañeros y a mis seres queridos; la oscuridad es mi amigo más cercano. Señor, muéstrame maravillas en este lugar de tinieblas y revélame tu justicia en la tierra del olvido. Atráeme hacia tu luz (Sal. 88:12,18). Por favor, ven y rescátame. Sé mi compañero más cercano y mi ser más amado.

Atiende mi clamor, porque me siento muy débil; líbrame de mis perseguidores, porque son más fuertes que yo (Sal. 142:6). Señor, una parte importante de mi victoria será admitir que sin tu intervención absoluta, mi opresor es demasiado fuerte para mí. No puedo tener la victoria sin ti.

LA EXPECTATIVA DEL ENEMIGO ES QUE LOS CRISTIANOS SEAMOS TAN INEFICACES QUE NO TENGAMOS UN TESTIMONIO PARA DAR, O QUE ARRUINEMOS EL QUE TENEMOS.

Según tu Palabra, tú ves los caminos del hombre; tú examinas nuestras sendas. Al malvado lo atrapan sus malas obras; las cuerdas de su pecado lo aprisionan. Morirá por su falta de disciplina; perecerá por su gran insensatez (Prov. 5:21-23).

Señor, el dominio propio es un fruto del Espíritu. Por favor, lléname con tu Espíritu Santo y fortaléceme con el dominio propio que solo tú puedes dar (Gál. 5:22-23).

Dios, por favor, ayúdame a amarte con todo mi corazón, con toda mi alma, con toda mi mente y con todas mis fuerzas, porque esta es la prioridad que quieres que tenga (Mar. 12:30). Si tan solo se me ocurre pensar en hacer algo deshonroso, quebrántame, Señor.

CUANDO NOS CONVERTIMOS A
CRISTO, NO SE TERMINA NUESTRA
NECESIDAD DE LIBERACIÓN.
TODAVÍA NECESITAMOS MUCHA
AYUDA PARA EVADIR TRAMPAS Y
VENCER OBSTÁCULOS.

Padre Dios, según tu Palabra los malvados acechan a los justos con la intención de matarlos, pero tú no los dejarás caer en sus manos ni permitirás que los condenen en juicio (Sal. 37:32-33).

Señor, tú has visto todo esto; no te quedes callado. ¡Señor, no te alejes de mí! ¡Despierta, Dios mío, levántate! ¡Hazme justicia, Señor, defiéndeme! Júzgame según tu justicia, Señor mi Dios; no dejes que se burlen de mí (Sal. 35:22-24).

Señor Dios, tú eres mi fortaleza en tiempos de angustia. Ayúdame, líbrame de los malvados y sálvame, porque en ti pongo mi confianza (Sal. 37:39-40).

**A DIFERENCIA DE LAS PERSONAS,
A CRISTO NO LO INTIMIDA
NUESTRA PROFUNDA NECESIDAD
NI TAMPOCO LA EVIDENCIA DE
NUESTRA DEBILIDAD.**

Tú, Señor, eres el Dios eterno, creador de los confines de la tierra. No te cansas ni te fatigas, y tu inteligencia es insondable. Fortaleces al cansado y acrecientas las fuerzas del débil.

Aun los jóvenes se cansan, se fatigan, y los muchachos tropiezan y caen, pero si confío en ti, oh Señor, renovarás mis fuerzas. Volaré como las águilas; correré y no me fatigaré, caminaré y no me cansaré (Isa. 40:28-31).

Ah, Señor mi Dios, con tu gran fuerza y tu brazo poderoso has hecho los cielos y la tierra. Para ti no hay nada imposible (Jer. 32:17).

**LA FE ES LO ÚNICO QUE PUEDE
CERRAR LA BRECHA ENTRE
NUESTRA TEOLOGÍA Y NUESTRA
REALIDAD.**

Padre, tú me has dicho que cuando pida, tengo
que creer y no dudar, porque el que duda es como las
olas del mar, agitadas y llevadas de un lado a otro por el
viento (Sant. 1:6). Les has dicho a tus hijos: «Si ustedes
no creen en mí, no permanecerán firmes» (Isa. 7:9). Por
favor, enséñame a permanecer firme, Señor.

Cristo Jesús, antes de que reprendieras a los vientos
y las olas, les dijiste a tus discípulos: «Hombres de
poca fe […] ¿por qué tienen tanto miedo?» (Mat. 8:26).
Ayúdame a comprender que aquel al que los vientos y las
olas le obedecen, es el mismo que me guarda. Ayúdame a
no ser un obstáculo para tu obra en mi vida, debido a mi
falta de fe.

**LA VIDA SE SIMPLIFICA
SOBREMANERA Y LA
SATISFACCIÓN ES MAYOR,
SI COMENZAMOS A DARNOS
CUENTA DE CUÁL ES NUESTRO
MARAVILLOSO PAPEL Y CUÁL EL
DE DIOS: ÉL ES DIOS.**

Soberano Señor, tu Palabra dice: «Yo estimo a los pobres y contritos de espíritu, a los que tiemblan ante mi palabra» (Isa. 66:2). Padre, me cuesta imaginar que soy alguien al que estimas, pero, de todo corazón, quiero serlo. Hazme esa clase de persona mediante el poder de tu Espíritu Santo, Señor.

Tú le dijiste a tu siervo Daniel: «Tu petición fue escuchada desde el primer día en que te propusiste ganar entendimiento y humillarte ante tu Dios. En respuesta a ella estoy aquí» (Dan. 10:12).

Tú eres mi Dios, así como fuiste el de Daniel. Si me propongo ganar entendimiento y me humillo ante ti, escucharás mis palabras y vendrás en respuesta.

NO PERMITAS QUE EL ENEMIGO OBTENGA OTRO TRIUNFO AL ACUSARTE DE TU PASADO. DIOS DIJO QUE ESTÁ HACIENDO ALGO NUEVO EN TI.

Señor y Dios, en tu Palabra nos has dicho que el diablo ha sido un asesino desde el principio y que no se mantiene en la verdad, porque no hay verdad en él. Cuando miente, expresa su naturaleza, porque es un mentiroso y el padre de la mentira (Juan 8:44).

Padre, por favor ayúdame a discernir que donde hay engaño, el diablo está en acción. Cuando peque contra ti y prefiera caminar en la mentira antes que en la verdad, por favor, envía a otras personas para que me instruyan y me hagan frente con amabilidad. Concédeme el arrepentimiento que me lleva a conocer la verdad (2 Tim. 2:25).

No permitas que sea como el que está siempre aprendiendo, pero nunca logra conocer la verdad (2 Tim. 3:7).

**DIOS NO NOS DISEÑÓ PARA
QUE NOS GOBERNEMOS A
NOSOTROS MISMOS. NOS CREÓ
CON LA NECESIDAD DE ESTAR
BAJO AUTORIDAD, PARA QUE
VIVAMOS EN LA SEGURIDAD DE SU
GOBIERNO PROTECTOR.**

Jesús amado, según tu Palabra, aquel que hace suyos tus mandamientos y los obedece, es quien te ama. Y al que te ama, tu Padre lo amará y tú también lo amarás y te manifestarás a él (Juan 14:21). Oh Dios, por favor ayúdame a vivir en obediencia y tener el gozo de ver cómo te revelas en toda clase de maravillosas maneras.

Oh Cristo, haz que tu amor me obligue por completo. Ayúdame a estar convencido de que, como uno murió por todos, por consiguiente, todos murieron. Ayúdame a valorar plenamente y darme cuenta de que como moriste por todos, los que vivimos ya no debemos vivir para nosotros, sino para ti, que moriste por nosotros y fuiste resucitado (2 Cor. 5:14-15).

LA MAYORÍA DE NOSOTROS JAMÁS
RECONOCERÍA QUE DIOS ES EL
ÚNICO DIOS, SI NO SUFRIÉRAMOS
CRISIS EN LAS QUE NADIE MÁS
PUEDE AYUDARNOS.

Señor Dios, me has dicho que si siento que el mundo me aborrece, debo tener presente que antes que a mí, te aborreció a ti. Dijiste que si yo fuera del mundo, el mundo me querría como a los suyos.

En realidad no pertenezco al mundo, pero tú, maravilloso y magnífico Dios, me has escogido de entre el mundo. Por eso el mundo me aborrece.

Ayúdame a recordar las palabras que me dijiste: «Ningún siervo es más que su amo». Si a ti te han perseguido, también a mí me perseguirán. Si han obedecido tus enseñanzas, también obedecerán las de tus discípulos (Juan 15:18-20).

Aunque mi padre y mi madre me abandonen, tú, Señor, me recibirás en tus brazos (Sal. 27:10).

ES FÁCIL PERDER LA LIBERTAD
POR BUSCAR OTRAS RESPUESTAS
A NECESIDADES Y DESEOS QUE
SÓLO DIOS PUEDE SATISFACER

Oh Dios, con urgencia, necesito tu discernimiento cuando se presente algo que tal vez esté permitido, pero que no necesariamente sea para mi bien. Por favor, dame fuerzas para resistir las cosas que no me traen beneficio, de manera que nada me domine (1 Cor. 6:12).

Ayúdame a aceptar, de verdad, que mi cuerpo es el templo del Espíritu Santo que está en mí y que he recibido de parte de Dios. No soy mi propio dueño (1 Cor. 6:19). ¡Gracias, Padre! ¡Sé que es mucho mejor pertenecerte a ti!

Te pareció que mi vida era digna de ser comprada por un precio tremendamente alto. Por lo tanto, ayúdame a honrarte con mi cuerpo (1 Cor. 6:20).

EL MUNDO CONSIDERA QUE
LOS CRISTIANOS USAN LA FE
COMO MULETA. ¡CUÁNTO SE
EQUIVOCAN! LA MULETA MÁS
GRANDE ES EL ENGAÑO.

Señor Dios, ayúdame a no dejar que las
preocupaciones de esta vida, el engaño de las riquezas y
otros malos deseos entren en mí hasta ahogar tu Palabra,
de modo que ésta no llegue a dar fruto en mi vida
(Mar. 4:19).

Según tu Palabra, si permitimos que las cosas
materiales nos sacien por completo, nuestro corazón
puede volverse orgulloso y podemos olvidar al Señor
nuestro Dios, quien nos sacó de la tierra de la esclavitud
(Deut. 8:12-14).

He sido crucificado contigo, Cristo, y ya no vivo
yo, sino que tú vives en mí. La vida que ahora vivo en
el cuerpo, la vivo por la fe en ti, Hijo de Dios, que me
amaste y diste tu vida por mí (Gál. 2:20).

NADA DE LO QUE TE HA
SUCEDIDO NI DE LO QUE HAS
HECHO TE DEFINE COMO
PERSONA. LO ÚNICO QUE TE
DEFINE ES QUIÉN ERES EN CRISTO.

Señor, no tengo motivo para tener vergüenza,
porque sé en quién he creído, y estoy seguro de que
tienes poder para guardar hasta aquel día lo que te he
confiado (2 Tim. 1:12). Aunque haya sido infiel, tú
sigues siendo fiel, ya que no puedes negarte a ti mismo
(2 Tim. 2:13).

Ayúdame a no caer presa de las acusaciones de
Satanás, el acusador de los hermanos. Él está furioso
porque su tiempo es corto. Yo he recibido tu salvación
y estoy en tu reino, bajo la autoridad de tu Hijo,
Jesucristo. El enemigo está vencido por medio de
la sangre del Cordero y por el mensaje de nuestro
testimonio (Apoc. 12:10-11). Ayúdame a no dejar nunca
de dar testimonio de tu obra poderosa en mí.

**DIOS OYE LAS PALABRAS Y LOS
MENSAJES DE NUESTRA MENTE
CON LA MISMA CLARIDAD QUE
EL OÍDO HUMANO OYE LAS
PALABRAS QUE PRONUNCIAMOS.**

Ayúdame a confiar siempre en ti; ayúdame a abrirte el corazón, Dios, pues tú eres mi refugio (Sal. 62:8).

Oh Señor, ayúdame a no tener miedo de hablarte sobre lo que hay en mi corazón. Tu Palabra dice que tú conoces mis pensamientos y mis acciones, y sabes lo que diré antes de que la palabra llegue a mi lengua (Sal. 139:1-4).

Jamás te ofenderás cuando te revele la seria desesperación o la amargura que brotan de mi corazón. Tú deseas que cuando esté en agonía, clame a ti; y tienes la capacidad de llevarte mis sentimientos de ira, consternación y confusión.

Al derramar mi corazón ante ti, me libro de la amargura que carcome el alma. También te doy lugar para que derrames tu sanidad.

**SUFRIMOS LAS PEORES PÉRDIDAS
CUANDO ELEGIMOS ANDAR POR
LAS NUESTRAS Y DEJAMOS DE
LADO LA BUENA VOLUNTAD DE
DIOS PARA CON NOSOTROS.**

Tus caminos no son mis caminos, Señor Dios. Tus caminos y tus pensamientos son más altos que los cielos sobre la tierra (Isa. 55:8-9). Es probable que no siempre entienda tus empresas, Señor, pero sé que siempre son exitosas (Sal. 10:5). Tus caminos siempre son justos (Sal. 145:17). Santos, oh Dios, son tus caminos (Sal. 77:13). Todas tus sendas son amor y verdad (Sal. 25:10).

Me he puesto a pensar en mis caminos, Señor (Sal. 119:59), pero, en cambio, elijo los tuyos. Mantenme alejado de caminos torcidos (Sal. 119:29). Señor Dios, ayúdame a andar en tus caminos (Sal. 119:3).

Señor, si sufro por ser obediente a ti, sé que deberé entregarme al fiel Creador y seguir practicando el bien (1 Ped. 4:19).

**NO NOS CUESTA ACEPTAR QUE
DIOS AME A LOS DEMÁS, PERO NOS
CUESTA CREER QUE TAMBIÉN
NOS AMA PROFUNDAMENTE, EN
FORMA RADICAL Y ABSOLUTA.**

Dichoso soy, Señor, porque eres fiel en corregirme. No menospreciaré la disciplina del Todopoderoso.

A veces, he tenido en poco mi vida. He querido que la gente me deje en paz porque mi vida parecía no tener sentido (Job 5:17; 7:16). Señor, no me dejarías aquí en esta tierra ni un solo día si no tuvieras un propósito. Por cierto, mi vida tiene sentido. Por favor, ayúdame a no menospreciarla ni a aislarme de los demás.

Señor Dios, ayúdame a serte obediente, incluso en esta época difícil. Tu Palabra dice que para los justos, para los que tienen amor y compasión, y para los rectos, la luz brilla en las tinieblas (Sal. 112:4).

SIENTO UN GRAN ALIVIO AL
SABER QUE CRISTO NO SE
SORPRENDE CUANDO TENGO
DESEOS DE HACER CIERTAS COSAS.

Señor y Dios, ya que en Jesús, tu Hijo, tengo
un gran sumo sacerdote que ha atravesado los cielos,
ayúdame a aferrarme a la fe que profeso. Porque no
tengo un sumo sacerdote incapaz de compadecerse de
mis debilidades, sino uno que ha sido tentado en todo de
la misma manera que yo, aunque sin pecado.

Ayúdame a acercarme confiadamente al trono de la
gracia para recibir misericordia y hallar la gracia que me
ayude en el momento que más la necesite
(Heb. 4:14-16).

Ayúdame a acercarme a ti, Dios, con un
corazón sincero y con la plena seguridad que da la fe,
interiormente purificado de una conciencia culpable y
exteriormente lavado con agua pura (Heb. 10:22).

LA REBELIÓN PUEDE COMENZAR
POR PURO PLACER O DIVERSIÓN,
PERO AL FINAL, NOS LLEVA A VIVIR
UNA PESADILLA. DIOS PERMITE
QUE SE CONVIERTA EN UNA
PESADA CARGA.

No me niegues, Señor, tu misericordia; que siempre me protejan tu amor y tu verdad. Muchos males me han rodeado; tantos son que no puedo contarlos. Me han alcanzado mis iniquidades, y ya ni puedo ver. Son más que los cabellos de mi cabeza, y mi corazón desfallece. Por favor, Señor, ¡ven a librarme! ¡Ven pronto, Señor, en mi auxilio! (Sal. 40:11-13).

Desde los confines de la tierra te invoco, pues mi corazón desfallece; llévame a una roca donde esté a salvo. Porque tú eres mi refugio, mi baluarte contra el enemigo (Sal. 61:2-3). Oh Señor, sé tú mi roca de refugio adonde pueda siempre acudir. Da la orden de salvarme, porque tú eres mi roca, mi fortaleza (Sal. 71:3).

**MUCHO ANTES DE QUE SE
INVIRTIERAN LOS PRIMEROS
MIL MILLONES DE DÓLARES
PARA EXPLORAR EL ESPACIO, LAS
MANOS DE DIOS DESPLEGARON
LOS CIELOS.**

Desde la creación del mundo tus cualidades invisibles, oh Dios, tu eterno poder y tu naturaleza divina, se perciben claramente a través de lo que creaste, de modo que nadie tiene excusa (Rom. 1:20). Ayúdanos a no cambiar la verdad de Dios por la mentira, ni adorar y servir a los seres creados antes que a ti, nuestro Creador, que eres bendito por siempre. Amén (Rom. 1:25).

Señor y Dios mío, tú que creaste los cielos, tú que eres Dios, tú que formaste la tierra, que la hiciste y la estableciste, que no la creaste para dejarla vacía, sino que la formaste para ser habitada, tú dices: «Yo soy el Señor, y no hay ningún otro» (Isa. 45:18).

**NO SOLO AMO A DIOS Y CONFÍO
EN ÉL SINO QUE ME ENCANTA
HACERLO. ME RECUERDA,
CONSTANTEMENTE, EL MILAGRO
PERPETUO EN MI VIDA.**

Señor, tus apóstoles te pidieron que les aumentaras la fe, y en definitiva, lo recibieron. Te pido que hagas lo mismo conmigo (Luc. 17:5).

Padre, quiero que puedas mirar mi vida como lo hiciste con la de Esteban y puedas decir que estoy lleno del Espíritu Santo y de fe, y que un gran número de personas te conoció a través de mi testimonio (Hech. 11:24).

Así como fortaleciste y animaste a los primeros discípulos a través de Pablo y de Bernabé, fortaléceme y dame ánimo para permanecer fiel a la fe, pues tu Palabra dice: «Es necesario pasar por muchas dificultades para entrar en el reino de Dios» (Hech. 14:22).

Gracias, Señor, por purificar mi corazón por la fe (Hech. 15:9).

**POCAS SON LAS COSAS TAN
CONTRARIAS A LA NATURALEZA
HUMANA COMO DESEAR QUE
OTRO TENGA MÁS FAMA QUE
NOSOTROS.**

Padre, según tu Palabra, el temor del Señor enseña sabiduría, y la humildad precede a la honra (Prov. 15:33). Nuevamente tu Palabra dice: «Al fracaso lo precede la soberbia humana; a los honores los precede la humildad» (Prov. 18:12). Oh Dios, quiero ser una persona de honor a tus ojos. Esta meta solo es posible con humildad. Ayúdame a tener una actitud humilde.

Padre, ayúdame a tener solamente aquella clase de orgullo que es aceptable, como sentirme orgulloso de aquellos que dan buen ejemplo y de los que animan a otros que caminan fieles a tu lado (2 Cor. 5:12). Entonces, aun en medio de todas nuestras aflicciones, como nos sentimos orgullosos unos de otros, podemos desbordar de alegría (2 Cor. 7:4).

LA RAZÓN PRIMORDIAL POR LA CUAL LA PALABRA DE DIOS PUEDE TENER SEMEJANTE EFECTO EN LA VIDA DEL CREYENTE ES LA CONEXIÓN QUE TIENE CON EL ESPÍRITU SANTO.

Padre, tú enviaste al Espíritu Santo para que fuera mi Consolador. Vino directamente desde ti hacia mí y a otros creyentes. Es el Espíritu de la verdad que procede del Padre y testifica fielmente acerca de tu Hijo, Jesús (Juan 15:26).

Señor Dios, santifícame en la verdad; tu Palabra es verdad (Juan 17:17). Por favor, ayúdame a aceptar plenamente lo que dice este versículo, Señor. Aunque me hayas salvado, si no permito que me enseñes y me hagas madurar por medio de tu Palabra, nunca cumpliré aquello para lo que me has santificado ni haré aquello para lo que me has separado en esta existencia terrenal.

Padre Dios, nada te produce más alegría que oír que tus hijos practican la verdad (3 Jn. 4).

LA RENOVACIÓN ESTÁ EN
CAMINO CUANDO LE OFRECEMOS
A DIOS UN CORAZÓN DISPUESTO
A CREER Y UNA MENTE ABIERTA Y
SINCERA.

Padre y Dios, según tu Palabra, el ángel del Señor acampa en torno a los que te temen; a su lado está para librarlos. Continuamente me abres el apetito y me convidas a probar y ver que tú eres bueno; ¡soy dichoso cuando me refugio en ti!

Señor y Dios, por favor, perfecciona más y más en mí el correcto temor a ti, porque tu Palabra dice que nada les falta a los que te temen. Los leoncillos se debilitan y tienen hambre, pero a los que te buscan, Señor, nada les falta (Sal. 34:7-10).

Gracias, Señor, porque siempre eres bueno; refugio en el día de la angustia, y protector de los que en ti confían (Nah. 1:7).

JESÚS EXHIBE SU AMOR HACIA TI. AGITA LA MANO Y TE SEÑALA, PARA QUE TODOS LOS QUE ESTÁN AL ALCANCE VEAN QUE TÚ ERES EL OBJETO DE SU AMOR.

Señor Jesús, por más que parezca inimaginable, cuando te soy obediente, me llamas tu amigo. Deseas darme a conocer todo lo que aprendiste de tu Padre.

Yo no te escogí, sino que tú me escogiste y me enviaste para que fuera y diera fruto, un fruto que perdure. Así el Padre me dará todo lo que le pida en tu nombre (Juan 15:13-16).

Perfecciona tu corazón dentro de mí, Jesús, para que así sepa qué pedirle al Padre en tu gran nombre. Ayúdame también a no dejar de ser consciente de que tú me escogiste a mí, para que nunca me sienta excluido. Me has amado y me conoces desde la creación del mundo.

CUANDO DIOS TE CREÓ, NUNCA TUVO LA INTENCIÓN DE QUE TRANSITARAS POR LA VIDA A DURAS PENAS, SINO QUE PROSPERARAS EN EL AMOR Y LA ACEPTACIÓN DEL TODOPODEROSO.

Sin importar lo que alguna vez haya sido, fui lavado, santificado y justificado en el nombre del Señor Jesucristo y por el Espíritu de nuestro Dios (1 Cor. 6:11).

Padre, tu Palabra dice que cuando se cumplió el plazo, enviaste a tu Hijo, nacido de una mujer, nacido bajo la ley, para rescatar a los que estaban bajo la ley, a fin de que fuéramos adoptados como hijos. Como ya soy hijo, enviaste el Espíritu de tu Hijo a mi corazón, el Espíritu que clama: «¡Abba! ¡Padre!» (Gál. 4:4-6). ¡Soy tu hijo y como tal, tengo todos los derechos que pertenecen a mi condición! Además, mi derecho es ser libre en ti.

Celebro porque ya no soy esclavo sino hijo, y como hijo, tú también me has hecho heredero (Gál. 4:7).

AQUEL QUE NOS ADOPTÓ Y NOS HIZO FORMAR PARTE DE SU FAMILIA REAL NOS HA LLAMADO A VIVIR DE ACUERDO AL LEGADO QUE TENEMOS. DEBEMOS PONER EN PRÁCTICA EL AMOR AL PIE DE LA LETRA.

Yo estoy entre tu pueblo escogido, oh Señor, tu sacerdocio real, tu nación santa. Soy parte del pueblo que te pertenece para proclamar abiertamente las obras maravillosas de quien nos llamó de las tinieblas a tu luz admirable (1 Ped. 2:9).

Querido Dios, ayúdame a huir del pecado como lo haces con los que te pertenecen, y a esmerarme en seguir la justicia, la piedad, la fe, el amor, la constancia y la humildad (1 Tim. 6:11).

Por sobre todo, ayúdame a amarte con todo mi corazón y con toda mi alma y con todas mis fuerzas (Deut. 6:5). Ayúdame a vivir una vida de amor, así como Cristo me amó y se entregó por mí como ofrenda y sacrificio fragante para ti (Ef. 5:2).

CUANDO NOS VOLVEMOS A
DIOS Y DESCANSAMOS CON
CONFIANZA EN SUS PROMESAS
Y EN SU PODER, ENCONTRAMOS
CONTINUA SALVACIÓN.

Padre, algunas veces, mis maldades me abruman como una carga demasiado pesada [...] Estoy agobiado, del todo abatido; todo el día ando acongojado [...] Me siento débil, completamente desecho; mi corazón gime angustiado.

Ante ti, Señor, están todos mis deseos; no te son un secreto mis anhelos. Late mi corazón con violencia, las fuerzas me abandonan, hasta la luz de mis ojos se apaga [...] Voy a confesar mi iniquidad, pues mi pecado me angustia.

Señor, no me abandones; Dios mío, no te alejes de mí. Señor de mi salvación, ¡ven pronto en mi ayuda! (Sal. 38:4,6,8-10,18,21-22). Padre, nunca rechazas a los que se arrepienten de verdad. Gracias, Señor.

ENTRÉGATE POR COMPLETO
A DIOS. ENTONCES, PODRÁ
LIBERARTE PARA QUE SEAS TODO
LO QUE ÉL PLANEÓ.

Quiero confiar en ti de todo corazón y no apoyarme en mi propia inteligencia; en todos mis caminos te reconoceré, y tú allanarás mis sendas (Prov. 3:5-6). Porque tú sabes muy bien los planes que tienes para mí, Señor. Planes de bienestar y no de calamidad, planes para darme un futuro y una esperanza (Jer. 29:11).

Deseo habitar a tu abrigo, oh Altísimo. Descansaré bajo tu sombra, Todopoderoso. De ti diré, Señor: «Tú eres mi refugio, mi fortaleza, el Dios en quien confío» (Sal. 91:1-2).

Señor fiel, como eres mi ayuda, canto bajo la sombra de tus alas. Mi alma se aferra a ti; tu mano derecha me sostiene (Sal. 63:7-8).

PERDONAR SIGNIFICA REMITIRLE LA CAUSA A CRISTO, TOMAR LA DECISIÓN DE LIBERARSE DE LA CARGA DE AMARGURA CONTINUA Y DEJARNOS DE CULPAR AL OTRO.

Tú, Señor, te pondrás de mi parte y me salvarás la vida. Tú viste el mal que me causaron. ¡Hazme justicia! (Lam. 3:58-59).

Señor, ayúdame a ver que si tú sostienes mi causa, no es necesario que yo lo haga. Ayúdame a deponer esta carga y a dejar que tú la lleves.

Oh Señor, deseo no agraviar al Espíritu Santo de Dios, con el que fui sellado para el día de la redención. Por el poder de tu Espíritu, ayúdame a abandonar toda amargura, ira y enojo, a dejar de lado los gritos y las calumnias, y toda forma de malicia. Deseo ser bondadoso y compasivo con los demás; quiero perdonarlos, así como tú me perdonaste en Cristo (Ef. 4:30-32).

SATANÁS HARÁ TODO LO QUE ESTÉ A SU ALCANCE PARA ALEJARTE DEL DESTINO QUE DIOS TIENE PREPARADO PARA TI.

Señor y Dios, los lazos de la muerte me enredaron; la angustia del sepulcro me ha sorprendido y la ansiedad y la aflicción me han vencido. [...] Pero ahora, oh Señor, librarás a mi alma de la muerte, enjugarás mis lágrimas, no me dejarás tropezar (Sal. 116:3,8).

El ladrón no viene más que a robar, matar y destruir; pero tú, Señor Jesús, has venido para que yo tenga vida, y la tenga en abundancia (Juan 10:10).

Yo sé, oh mi Dios, que tu voluntad es que tenga vida en abundancia. ¡Vida plena! Satanás, el ladrón, ha venido para robar, matar y destruir todo lo que tiene que ver con mi vida. Lo resisto en tu nombre y deseo aceptar la vida abundante que viniste a traerme.

**MIENTRAS VIVAMOS, DIOS
TENDRÁ HACIA NOSOTROS ESOS
INTENSOS SENTIMIENTOS QUE
LOS NIÑOS DESPIERTAN EN SUS
PADRES. ÉL NUNCA NOS RECHAZA.**

Señor, tú me has examinado y me conoces. Sabes cuándo me siento y cuándo me levanto; aun a la distancia me lees el pensamiento. Conoces mis trajines y mis descansos; todos mis caminos te son familiares (Sal. 139:1-3).

Padre, te doy gracias porque me amas sin reservas y sabes todo acerca de mí. Ayúdame a ser completamente sincero contigo. Ya no necesito esconderme.

Señor y Dios, si digo no tener pecado, me engaño a mí mismo y no hay verdad en mí. Si confieso mis pecados, tú eres fiel y justo y perdonarás mis pecados y me limpiarás de toda maldad (1 Jn. 1:8-9). Padre, por favor ayúdame a aceptar que a pesar de mi pecado, estás dispuesto a perdonarme.

SI TENEMOS UN CORAZÓN
HUMILDE Y RECTO DELANTE DE
DIOS, PODEMOS DEJAR EN SUS
MANOS TODOS LOS CONFLICTOS
Y TODOS LOS ENEMIGOS QUE SE
LEVANTEN CONTRA NOSOTROS.

Señor, mi Dios, muestra lo maravilloso de tu gran
amor; tú, que salvas con tu diestra a los que buscan en
ti refugio de sus enemigos. Cuídame como a la niña de
tus ojos; escóndeme, bajo la sombra de tus alas, de los
malvados que me atacan (Sal. 17:7-9).

¡Extiende tu mano desde lo alto, mi Dios y mi
Redentor, y sujétame bien fuerte! ¡Sácame del mar
profundo! ¡Líbrame de mi enemigo poderoso, de
aquellos que me odian y son más fuertes que yo!

Mi enemigo me salió al encuentro en el día de mi
desgracia, ¡pero tú, Señor, eres mi sostén! ¡Llévame a un
lugar espacioso; líbrame porque te agradaste de mí!
(Sal. 18:16-19).

**TENEMOS UNA VIDA
VICTORIOSA CUANDO
NUESTROS PENSAMIENTOS
SON VICTORIOSOS Y CUANDO
PONEMOS A UN DIOS VICTORIOSO
COMO CENTRO.**

Tú, mi Cristo, eres la imagen del Dios invisible, el primogénito de toda creación, porque por medio de ti fueron creadas todas las cosas en el cielo y en la tierra, visibles e invisibles, sean tronos, poderes, principados o autoridades: todo ha sido creado por ti y para ti. Tú eres anterior a todas las cosas, que por medio de ti forman un todo coherente (Col. 1:15-17).

¿A dónde podría alejarme de tu Espíritu? ¿A dónde podría huir de tu presencia? Si subiera al cielo, allí estás tú; si tendiera mi lecho en el fondo del abismo, también estás allí. Si me elevara sobre las alas del alba, o me estableciera en los extremos del mar, aun allí tu mano me guiará, ¡me sostendrá tu mano derecha! (Sal. 139:7-10).

DIOS SE DELEITA EN TUS BUENOS GESTOS, AUN CUANDO SEAN SIMILARES A LOS QUE TUVISTE AYER

Cristo Jesús, tú dijiste que ésta es la obra de Dios: que crean en aquel a quien él envió (Juan 6:29). Esto es lo que más quieres de mí, más que cualquier otra cosa en el mundo.

Tú dijiste que los que te creen son tus ovejas. Tus ovejas oyen tu voz; tú las conoces y ellas te siguen. Les das vida eterna, y nunca perecerán; nadie podrá arrebatarlas de las manos de tu Padre. Tú y tu Padre son uno (Juan 10:26-30).

Padre, cuánto te agradezco por no ser de los que se vuelven atrás y acaban por perderse, sino de los que tienen fe y preservan su vida (Heb. 10:39).

**SOMOS LA DEMOSTRACIÓN
MÁS HERMOSA DEL ESPLENDOR
DE DIOS CUANDO ESTAMOS
DISPUESTOS A ENTREGARNOS POR
COMPLETO EN AMOR A OTROS.**

Padre, me has dicho que no haga nada por egoísmo o vanidad, sino que, con humildad, considere a los demás como superiores a mí (Fil. 2:3). En este momento, te confieso toda ambición egoísta y engreimiento vano. Perdóname por considerarme, con tanta frecuencia, mejor que los demás. Ayúdame a no velar solo por mis intereses, sino también por los de los demás. Por favor, dame la misma actitud que la de Cristo Jesús (Fil. 2:4-5).

Padre, ayúdame a revestirme de humildad para con los demás, porque tú te opones a los orgullosos, pero das gracia a los humildes (1 Ped. 5:5). No habrá un día en que pueda vivir sin necesidad de tu gracia, así que, por favor, ayúdame a mantenerme en una actitud tal que pueda recibirla.

TODOS BUSCAMOS SOLUCIONES RÁPIDAS, PERO DIOS BUSCA CAMBIOS QUE PERDUREN. NOS GUÍA A UN CRISTIANISMO COMO ESTILO DE VIDA.

Señor, deseo llegar a la madurez y alcanzar la plena estatura de Cristo. De este modo, ya no seré un niño, zarandeado por las olas y llevado de aquí para allá por cada viento de enseñanza y por la astucia y los artificios de quienes emplean artimañas engañosas. Más bien, enséñame a hablar la verdad con amor, creciendo hasta ser en todo como aquel que es la cabeza, es decir, Cristo (Ef. 4:13-15).

Dame la capacidad de mantenerme firme, ceñido con el cinturón de la verdad, protegido por la coraza de justicia (Ef. 6:14). Ayúdame a entender que sin el cinturón de la verdad, estoy indefenso frente al diablo. La verdad es mi principal resguardo contra el padre de las mentiras.

TODO SER HUMANO ANHELA UN AMOR INAGOTABLE, GENEROSO, DEDICADO, COMPROMETIDO. UN AMOR CON EL QUE SE PUEDA CONTAR.

Señor, yo creo que tus sentimientos hacia mí concuerdan con los sentimientos que tienes hacia tu pueblo, Israel, porque eres el mismo ayer, hoy y para siempre. Por eso, creo que tú me bendices cuando oro usando tus palabras a Israel, recibiéndolas como válidas también para mi vida.

Esto es lo que dices, tú que me creaste, que me formaste: «No temas, que yo te he redimido; te he llamado por tu nombre; tú eres mío. Cuando cruces las aguas, yo estaré contigo; cuando cruces los ríos, no te cubrirán sus aguas; cuando camines por el fuego, no te quemarás ni te abrasarán las llamas. Yo soy el Señor, tu Dios, el Santo de Israel, tu salvador» (Isa. 43:1-4).

HAY SOLO UNA COSA FRENTE A LA CUAL NO PODRÍAMOS SOBREVIVIR EN ABSOLUTO: LA PÉRDIDA DEL AMOR DE DIOS; PERO ES UNA PÉRDIDA QUE JAMÁS TENDREMOS QUE SUFRIR.

Tú, Señor, eres mi pastor; nada me falta; en verdes pastos me haces descansar. Junto a tranquilas aguas me conduces; me infundes nuevas fuerzas. Me guías por sendas de justicia por amor a tu nombre.

Aun si voy por valles tenebrosos, no temo peligro alguno porque tú estás a mi lado; tu vara de pastor me reconforta.

Dispones ante mí un banquete en presencia de mis enemigos. Has ungido con perfume mi cabeza; has llenado mi copa a rebosar.

La bondad y el amor me seguirán todos los días de mi vida; y en la casa del Señor habitaré para siempre (Sal. 23:1-6).

PARA EXPERIMENTAR LA
LIBERTAD Y LA VICTORIA
DEBEMOS SER CAUTIVOS.
NECESITAMOS LLEVAR NUESTRAS
MENTES CAUTIVAS A CRISTO.

Señor, porque he aceptado a Cristo como mi
Salvador, tu Palabra dice que no vivo controlado por
la naturaleza pecaminosa, sino por el Espíritu, porque
el Espíritu de Dios vive en mí. Y si alguno no tiene el
Espíritu de Cristo, no es de Cristo (Rom. 8:9).

Padre, según tu Palabra, puesto que Cristo está
en mí, mi cuerpo está muerto a causa del pecado, pero
mi espíritu vive a causa de la justicia (Rom. 8:10). Y si
el Espíritu de aquel que levantó a Cristo de entre los
muertos vive en mí, el mismo que levantó a Cristo de
entre los muertos también dará vida a mi cuerpo mortal
por medio de su Espíritu, que vive en mí (Rom. 8:11).

QUE CAMINEMOS DE MANERA
CONSTANTE, NO QUIERE
DECIR QUE LO HAGAMOS A LA
PERFECCIÓN. QUIERE DECIR QUE
PODEMOS TROPEZAR, PERO QUE
NO CAEREMOS.

Según tu Palabra, es mejor no hacer votos que hacerlos y no cumplirlos (Ecl. 5:5). Por favor, ayúdame a darme cuenta de que el poder para ser victorioso no proviene de la habilidad que tenga para hacer un voto y cumplirlo por pura determinación. Si solo trato de cumplir con un voto, tarde o temprano fallaré.

El poder para tener la victoria proviene de ser consciente del voto que tú ya me has hecho, cuando me diste tu Espíritu y tu Palabra. Como dice Zacarías 4:6, el éxito no se logra por la fuerza ni por el poder, ¡sino por el Espíritu del Señor Todopoderoso!

Por eso, lo que tú me ordenas obedecer hoy no es demasiado difícil ni está fuera de mi alcance (Deut. 30:11). ¡Tú me darás fuerzas!

DIOS ES FIEL EN DISCIPLINAR. DE LO CONTRARIO, ¿CÓMO APRENDERÍAMOS DE NUESTRA REBELIÓN? A LA VEZ, TAMBIÉN ES COMPASIVO PARA CONSOLAR.

Padre Dios, te doy gracias porque no hay ninguna condenación para los que están unidos a Cristo Jesús, pues por medio de él la ley del Espíritu de vida me ha librado de la ley del pecado y de la muerte.

En efecto, la ley no pudo librarme porque la naturaleza pecaminosa anuló su poder; por eso enviaste a tu propio Hijo en condición semejante a mi condición de pecador, para que se ofreciera en sacrificio por el pecado (Rom. 8:1-3).

Por tanto, ayúdame a entender, Señor, que la disciplina amorosa que venga sobre mí luego de haberme rebelado contra ti, es solo consecuencia del más puro amor del Padre y jamás debe confundirse con condenación (Heb. 12:6).

**TAL VEZ TE ALIVIE SABER QUE
PODEMOS AMAR SIN ESTAR
EUFÓRICOS. VIVIMOS POR FE Y
AMAMOS POR FE.**

Señor Jesús, tu preciosa sangre del pacto fue
derramada por muchos para el perdón de pecados
(Mat. 26:28). Dado que derramaste tu sangre para
perdonarme, ayúdame a no responder con un corazón
que sea demasiado duro para perdonar a los demás.

Según tu Palabra, el amor es el camino más
excelente que podemos seguir ante cualquier situación
(1 Cor. 12:31). Por favor, ayúdame a vivir en armonía
con los demás; a compartir penas y alegrías; a practicar
el amor fraternal y a ser compasivo y humilde. Ayúdame
a no devolver mal por mal ni insulto por insulto; más
bien, a bendecir, porque para esto he sido llamado, para
heredar una bendición (1 Ped. 3:8-9).